L 27
Ln 13787.

A MESSIEURS

MESSIEURS LES MAIRE, ADJOINTS, ET MEMBRES
DU CONSEIL MUNICIPAL DE LA VILLE D'AIX
(Bouches-du-Rhône).

MESSIEURS,

Trois millions de domaines nationaux, soustraits à la vente nationale, et cedés, avec un excès de prodigalité que la faveur des droits autant
que la position pénible des réclamans peuvent
seuls rendre excusable, aux épouses et fils d'é-
migrés, en payement des légitimes et douaires,
mode inusité jusque alors, et qu'aucune administration départementale n'a cru devoir suivre;
protection constante accordée à tout citoyen
menacé ou atteint par les lois d'exception, dans
sa personne comme dans ses propriétés; libre
exercice du culte catholique dans les oratoires
secrets, sûreté générale pour tous ses ministres :
tel fut, Messieurs, le résultat heureux qu'obtint, dans des temps malheureux de troubles et
de persécutions, mon dévouement sans réserve
à la cause sacrée du malheur. Quelques légères
oppositions ont bien puse manifester dans le sein

de l'administration au plan de tolérance politique que je m'étais tracé ; je ne saurais les blâmer, puisqu'elles étaient fondées sur les dispositions expresses des lois alors en pleine vigueur; mais je dois avouer que l'estime et la confiance publiques dont j'étais entouré auraient été insuffisantes pour faire consacrer une jurisprudence aussi libérale, si elle n'avait reçu l'assentiment (rarement refusé à mes vives et pressantes sollicitations) d'estimables collègues, qui, loin de céder, en contrariant quelquefois mon système d'administration, à des sentimens de haine ou d'exaspération politique, ne résistaient que dans la crainte de compromettre leur responsabilité en sanctionnant des atteintes sérieuses portées aux lois les plus solennelles , dont l'exécution littérale leur paraissait le seul moyen possible de conserver nos libertés publiques.

Ne croyez pas, Messieurs, que, jaloux de rehausser le mérite de ma conduite administrative, je veuille, agent ingrat et perfide du gouvernement qui m'honora de toute sa confiance, et que j'ai servi avec autant de zèle que de fidélité, désavouer les principes politiques qui l'ont dirigé dans la haute administration de l'Etat ; vouer à l'animadversion publique ces mêmes principes que j'ai si long-temps et de si bonne foi professés dans l'intérêt seul de la gloire et de la liberté de ma patrie.

Je ne viens point, en m'appitoyant sur le sort bien malheureux sans doute des émigrés, soutenir que l'intérêt vif et constant que n'a cessé de m'inspirer la cause de l'infortune, et particulièrement celle des prêtres et des nobles, fut excitée et entretenue par une conformité d'opinions et de vues ; non , Messieurs : sans les partager, je devais les respecter et les faire respecter, dès que leur manifestation ne pouvait troubler l'ordre public.

Fils de magistrat, petit-fils, arrière-petit-fils de deux négocians généralement estimés pendant un siècle de travaux et de probité dans le commerce, membre du haut-tiers, ma position sociale me plaçait au premier rang des défenseurs de nos droits constitutionnels.

J'ai, pour le soutien d'une si noble et si juste cause, combattu avec courage, souffert, cruellement souffert avec constance et résignation ; je ne saurais sans infamie déserter un poste aussi honorable, quelque périlleux qu'il puisse être. Royaliste constitutionnel sous Louis XVI, je n'ai ni ébranlé ni renversé son trône ; gentilhomme, je serais mort sur ses marches ; républicain, ami de l'ordre et des lois, je n'ai point remis aux mains d'un soldat rebelle le premier sceptre du Monde ; je n'ai forcé ni dicté son humiliante abdication, moins encore sa fuite honteuse, alors qu'on vit cet émule des plus illustres guerriers redouter une mort qu'il eût pu trouver si glorieuse au milieu des combats, demander des fers aux plus anciens, aux plus irréconciliables ennemis de la France ; sujet soumis et fidèle, j'obéis au Roi et à son gouvernement constitutionnel, peut-être étranger que je fus au gouvernement révolutionnaire, ayant cessé d'être fonctionnaire public en septembre 1793, et n'ayant repris de service qu'en frimaire an 4 (1795); excipant surtout d'une dénonciation publique portée contre moi dans l'assemblée électorale d'Arles, qui me força de chercher un refuge dans Paris avant le 9 thermidor, me serait-il permis, en rejetant sur la force des circonstances extrêmement critiques la nécessité de fournir quelques gages à la révolution, de protester qu'en servant le gouvernement de la république, je n'en avais pas moins conservé dans le for intérieur un attachement sincère et inaltérable à la plus auguste infortuue ; qu'en servant une cause qui ne pouvait être celle des Bourbons, je n'avais en vue que de la trahir, d'en accélérer la chute, et hâter le triomphe de la restauration ?

Non, Messieurs, je ne puis consentir une pareille apostasie ; le gouvernement du Roi fût-il si mal avisé pour accueillir d'aussi étranges suppositions (ce qui pourtant pourrait être appuyé sur de nombreux exemples), je ne saurais, par une pareille bassesse, déverser sur moi et ma famille la honte et le mépris qui couvrent ces anciens Spartiates français, ces vils esclaves de Bonaparte, infidèles à toutes les promesses, parjures à tous les sermens, s'efforçant en vain de cacher sous cet amas ridicule des hochets de l'orgueil et des oripeaux de la vanité la brillante livrée de Napoléon et les sales haillons du sans-culotisme.

Si le directoire m'honora de sa confiance, je crois l'avoir dignement justifiée par la fermeté et la sagesse modérée de mon administration : fermeté, alors qu'il fallut faire respecter son autorité ; modération dans l'exécution de toutes les mesures d'exception souvent inutiles, toujours dangereuses , n'ayant d'autre résultat que celui d'assurer momentanément le triomphe d'un parti assez aveuglé sur la conservation d'un pouvoir sans frein , pour en user rarement sans excès.

Ce fut uniquement, Messieurs , par des sentimens de justice et d'humanité que je tendis une main secourable aux malheureuses victimes de la révolution ; ce n'était point cette justice rigoureuse , ce *summum jus* que rien ne saurait fléchir ; mais cette sage équité qui peut seule concilier les devoirs austères du magistrat avec la conscience et la droiture du cœur de l'homme de bien. Loin de vouloir capter les éloges, arracher les faveurs d'un gouvernement aussi faible que mal assis, et, par sa position incertaine, nécessairement inquiet et soupçonneux, toujours disposé à reconnaître comme ses partisans les plus sincères, ses défenseurs les plus ardens , ces intrigans sans moralité ni principes, toujours empressés de multiplier par l'excessive rigueur de leur administration le nombre des mécontens, et d'acquerier la funeste facilité de dénoncer, de poursuivre sans relâche des complots, des conspirations souvent imaginaires , qui , réelles qu'elles soient, ne sont au vrai, et dans tous les temps, que des indices trop certains du besoin impérieux qu'éprouve le peuple d'échapper à l'oppression de son gouvernement, souvent étranger à ces mesures acerbes , mais toujours responsable , alors même qu'il les aurait ignorées, parce que son devoir est, non-seulement de les connaître, mais encore d'en faire châtier les auteurs ; loin, dis-je, de vouloir forcer par de pareils moyens l'approbation du directoire ou celle de ses ministres, aux actes de mon administration, j'atténuai, loin d'exagérer, les torts des adversaires de son autorité, comme je négligeai de déployer à leur égard toute la sévérité des lois révolutionnaires.

Convaincu qu'à aucune époque de nos troubles civils la réunion complète de tous les gentilshommes français, fût-elle possible, ainsi qu'une conformité d'opinions et de vues entre eux ; traînât-elle à sa suite, comme bagages obligés, tous ces illustres descendans des Josses et des Dimanches, des Galonnières et des Pointus, vilains savonnés ou désireux de l'être, ne sera jamais ni assez forte, ni assez nombreuse, ni assez puissante pour ramener la France au régime antérieur à 1789 ; qu'elle peut bien troubler la paix publique, ranimer les feux mal éteints de nos discordes civiles ; mais qu'elle ne saurait espérer un meilleur succès de ses attaques contre nos libertés au 19e siècle, que celui qu'elle obtint dans des temps d'ignorance et de barbarie, quand ses menées séditieuses, ses révoltes à mains armées, eurent pour but de repousser la dynastie régnante ou d'intervertir l'ordre de la succession au trône ; j'assurai constamment le directoire que son existence ne pouvait être sérieusement menacée par cette faible, bien faible partie de la nation ; que des dangers plus réels existaient autour de lui, que c'était parmi nos généraux, dans nos conseils législatifs que se trouvaient ses plus grands ennemis : en effet, si le directoire fut décimé le 18 fructidor, le 30 prairial, entièrement détruit le 18 brumaire, n'était-ce pas les meneurs de ces conseils qui arrêtaient la funeste intervention des chefs militaires dans nos discussions politiques. Si la république et nos libertés tombèrent sous le glaive d'un soldat factieux, si le

même coup retrancha tous les liens des droits
civils et de l'obéissance militaire, si l'honneur
et le dévouement au prince ou à la patrie, qui
pendant tant de siècles constituaient la vraie
force morale de l'armée française, furent rem-
placés par l'insatiable ambition des titres et des
distinctions, et surtout des richesses, dont
l'abus dans la dispensation change trop souvent un guerrier généreux et intrépide en un
vil et lâche courtisan; sied-il bien aux auteurs
de tant de révolutions dans le gouvernement de
l'état et de sa législation, de s'appitoyer sur la
nullité politique à laquelle sera, hélas! encore
long-temps réduite notre belle et noble France?

Ce fut moins son état intérieur et extérieur
que la soif du pouvoir suprême dans le chef, et
l'espoir de le partager, même d'y parvenir un
jour, de la part de ses complices, qui ont rendu
parjures à la république, leur ouvrage, tant
d'ambitieux de tout rang; c'est à cet espoir dé-
chu dans les subalternes qu'on doit attribuer les
résistances qu'éprouvait si fréquemment le gouvernement impérial depuis son établissement
jusqu'à sa chute. Les dépouilles de la révolution,
celles des deux tiers de l'Europe continentale, ne
purent assouvir l'insatiable avidité des gens de
guerre; la chute de Bonaparte fut moins l'œuvre
de ses ennemis que celle de ses perfides et
avides courtisans.

Témoins de ma conduite en administration,
vous le savez, Messieurs, je prêtai constamment appui et protection à tous les malheureux, et surtout à la noble et religieuse infortune, plus cruellement décimée, si elle ne fut
entièrement exterminée à deux trop fameuses

époques de notre révolution. Mais je m'arrête...
Ce secret n'est point le mien.

Tout était à peu près terminé, quant aux prétendus émigrés du 31 mai, à mon arrivée dans Aix, en frimaire an 4; ils étaient tous rentrés dans leurs foyers. Je proposai, et l'administration arrêta de déclarer que les radiations provisoires de tous ceux d'entre eux nommément mis hors la loi comme ayant rempli des fonctions publiques sous le régime sectionnaire, fussent réputées définitives. Le ministre de la police refusa son approbation à cette mesure générale. Il ne restait dans le département, comme capables de troubler l'ordre public, que quelques féroces assassins jusque alors impunis; on sait comment les tribunaux chargés de ce soin s'en sont acquittés! le refus de poursuivre, ou des acquittemens scandaleux, ont été la cause première de cet affreux brigandage qui pendant cinq ans a désolé les malheureux départemens de la 8e division militaire, excès que le pouvoir civil ne put arrêter dans sa source, n'ayant à sa disposition ni force armée pour les réprimer, ni moyens pécuniaires pour solder une police active et vigilante.

Nous l'avons dit, Messieurs, nous devons le rappeler, ce fut sous ce prétexte qu'on provoqua la persécution des prêtres et des nobles dans le département des Bouches-du-Rhône, sous le gouvernement directorial : peu, bien peu de nobles, hautement désavoués par leurs pairs, ont figuré dans ces bandes; aucun prêtre n'en fit partie. Dans aucun temps, ni les uns ni les autres n'ont formé, excité, moins encore soldé ces infâmes brigands. Ce sont les premiers chefs des mouvemens insurrectionnels du 3r mai qui, non contens d'avoir gravement compromis tant de citoyens paisibles, étrangers jusqu'à cette fatale époque à la révolution, innocentes et malheureuses victimes de la soif du pouvoir et de l'ambition délirante de ces anciens et fougueux révolutionnaires, les ont créés après le 9 thermidor. C'est l'or du gouvernement anglais qui les a entretenus jusqu'au moment où la difficulté de le faire arriver à sa destination, ainsi que l'infidélité des agens commis à sa distribution en France, les ont forcées à pourvoir elles-mêmes à leurs besoins; on sait assez comment elles s'en sont acquittées: c'est encore des mains de ces chefs insurrectionnels qu'elles ont reçu ces fameuses listes de proscription qui, consultées à chaque arrestation sur la grande route ou l'occupation des petites communes, déterminaient trop fréquemment l'assassinat de quelques malheureux voyageurs ou habitans. Il est à remarquer que les noms les plus fameux dans les premiers événemens révolutionnaires ne figuraient pas sur ces listes fatales, tandis qu'on n'avait oublié aucun de ceux des individus opposans au mouvement sectionnaire dans le Midi; et comme il est hors de doute que le clergé et la noblesse avaient pris bien peu de part à ce mouvement, dont ils avaient sensément jugé le but et prévu le fâcheux dénoûment, qu'ils avaient été notamment repoussés de vos sections où ils ne s'étaient rendus que par obéissance aux ordres de l'autorité, ces listes ne pouvaient être leur ouvrage.

L'émigration des prêtres et des nobles, victimes d'une révolution qui dès son origine les dévoua à la terrible colère du peuple, me parut et me paraît encore aujourd'hui un acte forcé, indépendant de leur volonté de rester en France. Depuis le 14 juillet 1789 ils furent constamment placés sous le glaive sanglant de la proscription; s'ils ont trouvé un asile instantané dans nos grandes cités, où ils pouvaient rester quelque temps inconnus, les troubles toujours croissans, et surtout la nécessité de justifier aux autorités des lieux de leur dernier domicile, de ceux de leur nouvelle résidence, rendait notoire ce salutaire *incognito*. Je le demande à tout homme raisonnable, que l'esprit de parti ne saurait aveugler, depuis le 10 août 1792, et surtout depuis la mise hors la loi des aristocrates, quel prêtre ou quel noble pouvait rester en France sans craindre d'être victimé, et de perdre sa fortune, sans espoir de conserver sa vie, lorsque émigré ou condamné, ses biens étaient également confisqués.

Je ne prétends point, Messieurs, dissimuler les torts graves, extrêmement graves des anciens privilégiés envers le roi Louis XVI. Mais en les admettant, même dans le sens le plus étendu, étaient-ils de nature à les livrer en masse à la plus horrible proscription, à les dépouiller entièrement s'ils fuyaient la mort, et à les immoler s'ils restaient en France dans le vain espoir de sauver leur fortune; à réduire à la plus affreuse misère leurs femmes, leurs enfans, enlever tout espoir de remboursement à leurs créanciers; enfin (et sur ce point il est impossible que les apologistes de ces lois barbares

puissent les justifier), à confondre par la plus
noire ingratitude, et envoyer pêle-même à
l'échafaud, et ces immortels constituans qui
défendaient, naguère, avec un si généreux dévouement nos libertés publiques, et leurs dignes adversaires, non moins recommandables
par leur rare constance et leur inébranlable
fidélité aux antiques institutions de notre monarchie.

Je n'ai voulu, Messieurs, considérer l'émigration sous un point de vue politique; pareille
manière de l'envisager ne pouvait être favorable
aux émigrés, en admettant que leur sortie de
France n'avait été déterminée que dans le des-
sein de lever l'étendard de la révolte aux ordres
du gouvernement alors existant, et d'appeler
l'étranger au soutien de leur rebellion. C'eût
été trahir mes promesses de fidélité à ce gouvernement, que de protéger ses ennemis. Les
démonstrations hostiles des émigrés sur nos
frontières ne m'ont jamais paru que la cause
secondaire qui motiva leur sortie de France,
la suite nécessaire de leur haine bien légitime
contre les premiers auteurs de leur proscription:
d'ailleurs, ces rassemblemens d'émigrés n'ont
jamais été de nature à donner des inquiétudes
sérieuses au gouvernement. On devait sans
doute les repousser alors qu'ils menaçaient notre territoire, les expulser des pays conquis par
la valeur héroïque de nos soldats; mais les envoyer à la mort quand le sort des armes les li-
vrait entre nos mains, c'était commettre un
assassinat. En effet, l'émigré déclaré mort civi-
lement n'était plus hors du territoire français

qu'un étranger ; qu'il portât les armes même contre la France , sous l'aigle des Césars et des Frédérics , ou le léopard britannique , il ne pouvait être considéré comme un transfuge armé contre sa patrie , puisque cette patrie , en le repoussant avec violence de son sein et pour des simples délits politiques , lui donnait la liberté d'en choisir une nouvelle.

Enfin , l'émigré peut-il être responsable de fait de son émigration , et personnellement passible des peines attachées à ce délit ; sa femme , ses enfans , sa famille entière , devaient-ils être proscrits , dépouillés , voir disparaître la fortune entière de ses auteurs , contraints de postuler , après la disparution de ce gage sacré de ses droits , aussi naturels que légitimes , une liquidation aussi incertaine que peu fructueuse , auprès du gouvernement.

Voilà , Messieurs , les seules causes déterminantes des arrêtés de l'administration départementale , qui ont accordé le payement des créances légitimaires et dotales en biens héréditaires ; l'excès de la libéralité n'eut d'autre motif que celui de conserver intacts les domaines désemparés , d'en éviter la détérioration entre les mains du fisc , toujours négligent en fait d'économie rurale. Enfin , puisqu'il faut l'avouer , persuadé que l'exil des émigrés ne serait point éternel ; qu'une vente nationale , en transportant leurs biens en des mains étrangères et sans utilité pour l'état , attendu la vilité du prix de l'acquisition , nous préparait de longs et inutiles regrets ; que le temps seul pouvait , non sans de longues tourmentes , calmer de violens et légitimes ressentimens, j'arrêtai par toutes sortes de moyens les aliénations.

Quoi, Messieurs, témoin de tous les événemens désastreux, mais inévitables, de la plus terrible des révolutions, j'aurais proscrit, dépouillé cet officier qui, voulant éviter les mauvais traitemens, la mort même que lui présentait l'insurrection générale de son régiment, a dû mettre le Rhin entre la France et lui ; j'aurais appesanti la rigueur des lois révolutionnaires sur un Mignard, un Bovis, contraints de fuir précipitamment à Nice pour éviter le sort déplorable de l'infortuné Pascalis, leur ami, arraché de leurs bras, jeté dans les fers, et bientôt extrait par ses bourreaux d'une prison que ne voulait ouvrir un concierge, alors fidèle à ses devoirs, pour être suspendu au fatal réverbère ! Pouvais-je ignorer que cet enlèvement n'avait eu lieu que sur l'ordre impératif de deux officiers municipaux ? A cette époque, j'aurais poursuivi avec toute la sévérité de ces lois terribles, ces femmes, ces enfans, ces veillards qui, par suite de cet affreux événement, bientôt suivi du désarmement général du régiment suisse d'Ernest, qui livra le département à la plus affreuse anarchie, furent forcés à fuir la persécution et la mort ! Je les aurais considérés comme émigrés (quoique par un salutaire oubli ils ne fussent point inscrits sur les listes), par le fait seul de leur arrivée de l'étranger, et leur absence de France précédemment constatée par les autorités locales ! Je ne me serais point empressé d'en retirer ceux qui y furent portés ! Il est utile, Messieurs, et l'on ne saurait trop le répéter aux hommes qui n'ont point connu les causes premières des malheurs inouis qui ont accablé le département des Bouches-du-Rhône et ceux qui l'avoisinent, et ceux surtout qui, les ayant toujours mal jugées de l'étranger, s'en sont trop légèrement rapporté, à leur retour en France, à des relations dictées par l'esprit de parti ou la nécessité de céler les fautes les plus graves; ce désarmement eut, non-seulement les suites les plus funestes dans le département, qui, jusqu'à cette époque, hors la fièvre de Marseille, n'avait été le théâtre d'aucune exécution sanglante, mais il porta de plus le trouble et l'effroi dans tout le Midi. Vous le savez, Messieurs, jusque alors les révolutionnaires marseillais n'avaient pas envoyé hors de leurs murs ces prédicateurs forcenés de meurtre et de pillage : c'est après ce désarmement qu'on les vit se répandre, comme un torrent dévastateur, des bords de la Méditerranée aux points les plus éloignés des Alpes françaises, des rives du Rhône à celles du Var, laissant partout des vestiges douloureux de leur anarchique mission. C'est surtout après ce désarmement que la capitale vit arriver dans ses murs ces coupe-jarrets connus sous le nom de vainqueurs du 10 août, dont les exploits glorieux se sont bornés à chasser de son palais un Monarque sans défense, et à égorger sans pitié des pontifes, des prêtres, et d'illustres victimes placées sous la sauvegarde des lois et la vigilance tutélaire des magistrats. Que de maux aurait épargnés au Midi, à la France, j'ose le dire, Messieurs, à l'Europe entière, la non émission de cet arrêté du département, qui enjoint à un général français de faire déposer les armes à deux mille soldats pleins de bravoure et de fidélité, et de les remettre à trois cents vagabons, ramas impur de la plus vile canaille. On reproche amèrement au général Puget Barbentanne d'avoir obtempéré à cet ordre administratif; pouvait-il s'y refuser sans violer ses sermens à la constitution? Feint-on d'ignorer qu'à cette époque l'autorité supérieure était dévolue à l'administration départementale, et qu'un refus n'eût laissé à ce général que la triste (si toutefois elle était praticable) nécessité de fuir à l'étranger.

Je tairai, Messieurs, le nom des administrateurs signataires de cet arrêté : les uns ne sont plus; ne troublons point leurs cendres; mais que leurs représentans, appelés au pouvoir sous le gouvernemeut de Bonaparte, conservés par celui du Roi, cessent de déblatérer à outrance contre cette révolution que leurs auteurs ont si bien servie, et qui seule a pu les faire parvenir aux postes éminens qu'ils occupent. Quant à ceux qui existent encore, nous les engageons expressément à ne point nous imposer la dure nécessité de rappeller leurs hauts faits et gestes civiques; surtout moins de démonstrations hypocrites d'intérêt et de dévouement à la cause des prêtres et des nobles. Le silence est le seul parti raisonnable qu'ils doivent prendre; à cette seule condition nous pourrons le garder, nous qui avions à peine revêtu la robe virile quand le canon foudroya la Bastille, qui n'étions point arrivés au pouvoir lorsqu'il fut dirigé contre le palais de nos Rois; nous tairons qu'ils

furent les premiers, les plus ardens promoteurs
de la révolution ; qu'ils ont expulsé les anciens
privilégiés de toutes les fonctions publiques ;
qu'ils les ont forcés à fuir leur patrie ; que sous
leurs yeux leurs châteaux ont été incendiés,
leur mobilier dispersé, détruit ou pillé ; qu'ils
ont formé ces premières listes d'émigrés sur les-
quelles on voit figurer tout ce que la France
comptait alors de plus grand et de plus illustre ;
qu'ils ont chassé nos pontifes de leurs siéges,
nos pasteurs de leurs paroisses ; qu'ils ont, à la
tête de la force publique, installé nos évêques
constitutionnels et nos curés assermentés ; qu'ils
ont forcé leur prédécesseurs, opposans à la
constitution civile du clergé, de renoncer à
l'exercice public de leur saint ministère, et
bientôt après de chercher, sous un autre ciel,
un abri contre la plus cruelle des persécutions.
Qu'ils soient satisfaits, eux et leurs dignes adhé-
rens, d'être reçus au giron de la légitimité ; de
disputer et d'obtenir souvent la préférence, dans
la distribution des faveurs du gouvernement
du Roi, aux plus anciens et aux plus fidèles
serviteurs de la monarchie. Par quel change-
ment subit d'opinion et de conduite sont-ils
devenus aujourd'hui les administrateurs les plus
dévoués au monarque, les magistrats les plus
éclairés et surtout les plus équitables ; excipe-
roient-ils de la suspension momentanée de leurs
services depuis le 31 mai 1793 jusqu'au 9
thermidor ; ont ils été, dans cet intervalle, spec-
tateurs passifs de la révolution. Vous pourrez
en juger, Messieurs, en vous rappelant ces registres ouverts dans toutes les communes du

département, aux premiers jours de janvier 1793. Ils sont, si toutefois ils n'ont été soustraits depuis ma sortie de l'administration , déposés dans ses archives ; leur représentation vous mettra à même de connaître, en consultant les signatures apposées à la colonne affirmative, s'ils étaient véritablement à cette époque ce qu'ils veulent faire croire être aujourd'hui , les défenseurs de la légitimité des Bourbons. Si, malgré leurs pressantes sollicitations, le gouvernement révolutionnaire n'a point voulu accepter leurs services, c'est qu'il était convaincu qu'il ne pouvait ni se fier à leurs promesses, ni espérer qu'ils pussent jamais acquérir l'estime et la confiance du peuple. Bonaparte dut les employer. Chargés des dépouilles de la révolution, acquéreurs presque exclusifs des biens du clergé, dont le prix fut payé par anticipation, avant le 13 vendémiaire an 4, avec des assignats entièrement dépréciés, leur fortune nouvelle , leur bassesse, et surtout leur avidité , convenaient merveilleusement à un gouvernement aussi corrupteur qu'oppressif. C'est sans doute à cette école qu'ils ont appris à servir fidèlement l'auguste famille du plus grand et du meilleur de nos Rois, du plus vaillant de nos capitaines.

Au reste, Messieurs , il n'est point étonnant que l'intrigue et l'effronterie puissent parvenir à faire agréer de pareils services ; vous allez en juger par les faits suivans, pris au hasard.

Lorsqu'en 1815 , l'organisation de la Cour royale de votre ville rendit à la vie privée tant de magistrats qui, depuis sa création, n'avaient cessé de mériter l'estime publique par leurs connaissances, l'application juste et éclairée des lois, et la pratique constante de toutes les vertus, n'a-t-on pas vu appeler à la Cour royale de Colmar un ex-oratorien, ancien accusateur public près le tribunal révolutionnaire de Marseille, avant le 9 thermidor ; arrêté et traduit à Paris, avant cette journée, par ordre des représentans Barras et Freron, comme prévenu d'exercer avec trop de férocité ces terribles fonctions ; placé à Agen, au retour du Roi en 1814 ; ayant eu le plus grand soin, pendant les cent jours, de solliciter et d'obtenir sa transférence dans la Cour d'Orléans, qu'il était tenu de quitter.

L'un des officiers municipaux de votre ville, signataire de l'ordre de livrer le malheureux Pascalis à ses assassins, après avoir exercé sous le gouvernement de la république, comme sous celui de Bonaparte, les premières fonctions administratives dans les départemens, n'a-t-il point été récemment élevé à la dignité de baron du royaume.

Enfin, Messieurs, ce maire d'Orgon qui, en janvier 1793, fut le rédacteur et le signataire, comme président du club de cette ville, de l'adresse dans laquelle les pauvres habitans sociétaires, généralement illitérés, demandaient en termes si énergiques, à la convention, *la tête du tyran*, ne fut-il pas près d'être reconnu par le premier de nos princes comme l'un des plus dévoués serviteurs de la monarchie.

J'ai l'honneur de mettre sous vos yeux, Messieurs, l'attestation qu'ont bien voulu m'accorder plusieurs des plus notables de vos administrés, ainsi que l'adhésion de hauts fonctionnaires civils, judiciaires et militaires. Je vous prie d'y joindre la vôtre ; elle sera la plus douce, comme la plus honorable récompense que puisse recevoir ma conduite administrative.

Je suis avec une respectueuse considération,

Messieurs,

Votre très-humble et très-obéissant serviteur,

Mauche,

Ex-conseiller en la Cour royale d'Aix, Doyen des anciens administrateurs du département des Bouches-du-Rhône.

Paris, ce 1er. mai 1822.

PIÈCES A L'APPUI.

N°. Ier.

Nous, soussignés, certifions que le sieur Mauche, qui a rempli en l'an 4, 6, 7, et années suivantes, les fonctions d'administrateur du département des Bouches-du-Rhône, de commissaire du Directoire exécutif, et qui fut ensuite nommé conseiller en la Cour d'appel du même département, s'est toujours conduit de manière à mériter l'estime publique ; que, de plus, dans des temps difficiles et de persécutions, il a rendu des services très-importans, soit aux familles des émigrés, soit aux personnes qui avaient des discussions avec le gouvernement de ce temps-là ; et qu'enfin il s'est acquis des sentimens de reconnaissance bien fondés, qui portent à prendre à son égard un vif intérêt.

Fait à Aix, le 1er. mars 1822.

Signé, *Pierre-Ferdinand*, archevêque d'Aix ;
Le cardinal *de Beausset* ;
L'abbé *de Mazenod*, oncle ;
L'abbé *de Coriollis*, chanoine de Paris ;
L'abbé *Lecoq*, chanoine de Paris ;
L'abbé *de Mazenod*, neveu ;
L'abbé *de Forbin Janson* ;
Baron *Fabry*, premier président de la cour royale d'Aix, député du Var ;
Darlatan Lauris, président à la même cour ;
Le comte *de Galiffet*, lieut.-gén. des armées du Roi ;

B. de Bardelin, officier sup. des gardes-du-corps ;

Le comte *Portalis*, pair de France ;

Le comte *Siméon*, pair de France ;

B. d'André, administrateur des domaines du Roi ;

De Colonia, conseiller d'Etat ;

Le Blanc de Castillon, maître des requêtes ;

Colomb, premier avocat général à Paris ;

A. Doria, membre de la Chambre des députés ;

Pardessus, idem.

Le marquis *de Grimaldy-Regusse ;*

Le marquis *de Lestang-Parad ;*

Le marquis *de Gras-Preigne ;*

Le marquis *de Graveson ;*

Ls baron *de Saint-Marc ;*

Le chevalier *de Franc-Maillames ;*

Fortis, ancien conseiller au parlement d'Aix ;

Baron *Mourre*, procureur-général près la Cour de cassation ;

Montagne, membre du conseil général du département des Bouches-du-Rhône.

Pour copie conforme,

Mauche.

Nº. II.

Paris, ce 12 fructidor an 4.

Le Directoire exécutif, au citoyen Mauche, administrateur du département des Bouches-du-Rhône.

Le Directoire exécutif voit avec peine, citoyen, que vous persistez dans votre démission des fonctions d'administra-

teur du département des Bouches-du-Rhône ; il vous in-
vite de rester au poste périlleux , mais honorable, où vous
êtes placé , et de contribuer par votre dévouement à sauver
le département que vous êtes chargé d'administrer, des
nouveaux malheurs que lui préparaient les ennemis de la
république.

Signé , L. M. Réveillère-Lépeaux, président.

Par le Directoire exécutif,

Le Secrétaire général ,

LAGARDE.

P. S. Cette démission fut demandée et refusée à raison
des événemens malheureux dont la ville d'Aix fut le
théâtre le 22 juillet , jour de la Madeleine , 1795.

<hr>

N°. 3.

ARCHIVES DU ROYAUME.

Section administrative.

Le garde général des archives du royaume , chevalier
des ordres royaux et militaires de Saint-Louis et de la
Légion-d'Honneur, certifie les faits suivans :

1°. Par arrêté du Directoire exécutif, du vingt-trois
floréal an six (12 avril 1798), le sieur Mauche, administrateur du département des Bouches-du-Rhône, a été
nommé commissaire du pouvoir exécutif près l'administration centrale du même département;

2°. Par autre arrêté du même Directoire , en date du
huit messidor an sept (26 juin 1789), ledit sieur Mauche
a été envoyé en qualité de commissaire du gouvernement
près la foire de Beaucaire ;

3°. Par arrêté du même Directoire, en date du vingt-deux messidor an sept (10 juillet 1799), la nomination dudit sieur Mauche, en qualité de commissaire du gouvernement près la foire de Beaucaire, a été révoquée;

4°. Et, par arrêté du même Directoire, et de la même date du ving-deux messidor an sept (10 juillet 1799), la nomination dudit sieur Mauche, en qualité de commissaire du pouvoir exécutif près l'administration centrale du département des Bouches-du-Rhône, a été révoquée;

Ainsi qu'il résulte des pièces et registres déposés aux archives du royaume, sous les rubriques ci-contre.

En foi de quoi, nous avons signé et fait apposer le sceau desdites archives.

Délivré, à Paris, au palais des Archives du Royaume, le vingt-six janvier mil huit cent vingt-deux.

Le chevalier DE LA RUE.

Ces deux arrêtés de destitution furent rendus le même jour, au même instant, sur le rapport ordonné par le citoyen Quinette, ministre de l'intérieur, rédigé par le sieur Benoît, chef de la première division, d'après une dénonciation de l'administration municipale d'Aix, appuyée et soutenue par les citoyens Constant et Pélissier, mes anciens collègues dans l'administration départementale, et un autre citoyen nommé Natoire, tous membres du conseil des Cinq-cents. Le ministre me présenta au Directoire « comme un protecteur déhonté des émigrés, « ayant entravé, arrêté l'aliénation des domaines natio- « naux, et protégé ouvertement les ennemis de la répu- « blique. »

La perte entière de mon état, de ma fortune entièrement patrimoniale (car ni moi ni les miens n'avons jamais acquis des domaines nationaux, ni moins encore donné un seul assignat en payement à nos créanciers) furent la suite de ces destitutions. Créancier du gouvernement pour avances faites, d'ordre du ministre, d'une somme de dix mille francs, mes réclamations pour en obtenir la liquidation, depuis l'an 8, n'ont pas même été répondues : depuis le retour du Roi en France, on les repousse par les lois de l'arriéré. *Sempre bene.*

FIN.

Imprimerie de GUIRAUDET, rue Saint-Honoré, n°. 315, vis-à-vis St.-Roch.

www.ingramcontent.com/pod-product-compliance
Lightning Source LLC
Chambersburg PA
CBHW061703050726
47598CB00004B/1646